10/21

Tadpole Books are published by Jump!, 5357 Penn Avenue South, Minneapolis, MN 55419, www.jumplibrary.com

Editor: Jenna Gleisner   Designer: Molly Ballanger   Translator: Annette Granat

Photo Credits: Shutterstock, cover, 14–15; Scott Van Blarcom/Dreamstime, 1; rolf bruderer/Getty, 3; AvailableLight/iStock, 4–5; Inti St. Clair/Getty, 2mr, 2br, 6–7; DiversityStudio1/Dreamstime, 2ml, 8–9; track5/iStock, 2tl, 10–11; Hill Street Studios/Getty, 2tr, 2bl, 12–13; Purestock/Alamy, 16.

Library of Congress Cataloging-in-Publication Data

Names: Zimmerman, Adeline J., author.
Title: El Cuansa / por Adeline J. Zimmerman.
Other titles: Kwanzaa. Spanish
Description: Minneapolis, MN: Jump!, Inc., (2022) | Series: ¡Festividades!| Includes index. | Audience: Ages 3–6
Identifiers: LCCN 2021008050 (print)
LCCN 2021008051 (ebook)
ISBN 9781636901299 (hardcover)
ISBN 9781636901305 (paperback)
ISBN 9781636901312 (ebook)
Subjects: LCSH: Kwanzaa—Juvenile literature.
Classification: LCC GT4403 .Z5618 2022 (print) | LCC GT4403 (ebook) | DDC 394.2612—dc23

¡FESTIVIDADES!

EL CUANSA

por Adeline J. Zimmerman

TABLA DE CONTENIDO

tadpole
en español

PALABRAS A SABER

bailamos

damos

música

prendemos

regalos

velas

EL CUANSA

¡Llegó el Cuansa!

kinara

Nosotros decoramos.

Prendemos velas.

tambor

Hacemos música.

¡Bailamos!

regalo

Damos regalos.

Comemos.

¡REPASEMOS!

El Cuansa es una festividad que celebra la cultura africana. Empieza el 26 de diciembre. ¿Cómo celebra esta familia?

ÍNDICE